Mi libro ilustrado bilingüe
كتابي المصور ثنائي اللغة

Los cuentos infantiles más bonitos de Sefa en un volumen

Ulrich Renz • Barbara Brinkmann:

Que duermas bien, pequeño lobo · نَمْ جيداً، أيُها الذئبُ الصغيرْ

Edad recomendada: a partir de 2 años

Cornelia Haas • Ulrich Renz:

Mi sueño más bonito · أَسْعَدُ أَحْلَامِي

Edad recomendada: a partir de 2 años

Ulrich Renz • Marc Robitzky:

Los cisnes salvajes · البجع البري

Basado en un cuento de hadas de Hans Christian Andersen

Edad recomendada: a partir de 5 años

© 2024 by Sefa Verlag Kirsten Bödeker, Lübeck, Germany. www.sefa-verlag.de

Special thanks to Paul Bödeker, Freiburg, Germany

All rights reserved.

ISBN: 9783756305209

Leer · escuchar · entender

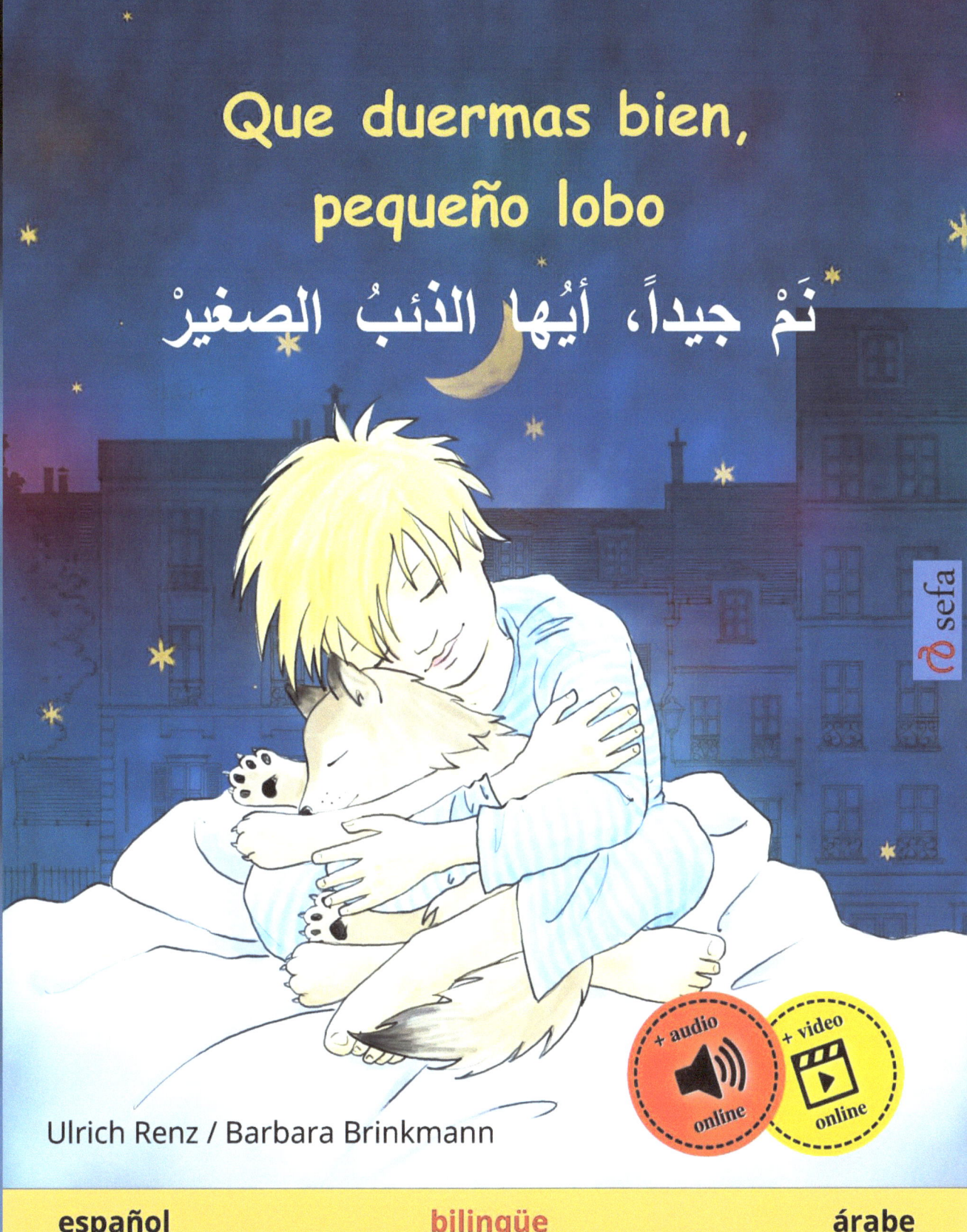

Que duermas bien, pequeño lobo
نَمْ جيداً، أيُها الذئبُ الصغيرُ

Ulrich Renz / Barbara Brinkmann

español — bilingüe — árabe

Traducción:

Anneli Landmesser (español)

Abdelaaziz Boussayer (árabe)

Audiolibro y vídeo:

www.sefa-bilingual.com/bonus

Acceso gratuito con la contraseña:

español: `LWES1428`

árabe: `LWAR1027`

¡Buenas noches Tim! Seguiremos buscando mañana.

Ahora ¡que duermas bien!

ليلة سعيدة يا تيم!

غداً سَنُتابعُ البحث. أما الآن فنمْ جيدا!

Afuera ya ha oscurecido.

لقد حلَّ الظلام.

¿Qué está haciendo Tim ahí?

ماذا يَفعلُ تيم هُناك؟

Se está yendo al parque infantil.
¿Qué está buscando ahí?

إنه خارِجٌ إلى الملعب.
عَنْ ماذا يبحَثُ هُناك؟

¡El pequeño lobo!

No puede dormir sin él.

عَنْ الذئب الصغير!

لأنه لا يستطيع النومَ بدونه.

¿Quién viene ahí?

مَنْ القَادِمِ؟

¡Marie! Está buscando su pelota.

إنها ماري! تبحث عن كُرَتِها.

¿Y qué está buscando Tobi?

و عَنْ ماذا يَبحَثُ طوبي؟

Su excavadora.

عن حَفَّارَتِهِ.

¿Y qué está buscando Nala?

و عَنْ ماذا تَبحَثُ نالا؟

Su muñeca.

عن دُميتِها.

¿No tienen que ir a dormir los niños?
El gato se sorprende mucho.

ألم يَحِنْ وقت نَومِ الأطفال؟
تَتَساءَلُ القطة بعجب.

¿Quién viene ahora?

مَن القَادِم الآن؟

¡La mamá y el papá de Tim!

Ellos no pueden dormir sin su Tim.

أمُ تيم و أبوه!

فهم لا يَستَطِيعونَ النَّومَ بدونِ ابنِهما تيم.

¡Y ahí vienen aún más! El papá de Marie.
El abuelo de Tobi. Y la mamá de Nala.

و هنالك المزيدُ قادمون!
أبُو ماري. جدُّ طوبي. و أمُ نالا.

¡Ahora rápido a la cama!

الآن أسرِعوا إلى النوم!

¡Buenas noches Tim!

Mañana ya no tendremos que buscar más.

ليلة سعيدة يا تيم!

غداً لن يكونَ علينا البحثُ مجدداً.

¡Que duermas bien, pequeño lobo!

نَمْ جيداً، أيُها الذئبُ الصغيرْ!

Cornelia Haas • Ulrich Renz

Mi sueño más bonito

أَسْعَدُ أَحْلَامِي

Traducción:

Raquel Catala (español)

Oumaima Naffouti (árabe)

Audiolibro y vídeo:

www.sefa-bilingual.com/bonus

Acceso gratuito con la contraseña:

español: **BDES1428**

árabe: **BDAR1027**

Mi sueño más bonito

أَسْعَدُ أَحْلَامِي

Cornelia Haas · Ulrich Renz

español — bilingüe — árabe

Lulu no puede dormir. Todos los demás ya están soñando – el tiburón, el elefante, el ratoncito, el dragón, el canguro, el caballero, el mono, el piloto. Y el pequeño leoncito. Al osito también se le cierran casi los ojos …

Oye osito, ¿me llevas contigo a tu sueño?

لُولُو لَا تَسْتَطِيعُ النَّوْمَ، الآخَرُونَ فِي سُبَاتٍ عَميقٍ يَحْلُمُونَ؛ الْقِرْشُ، اَلْفِيلُ، الْفَأْرَةُ الصَّغيرَةُ، التِّنِّينُ، الْكُنْغُرُ، الفَارِسُ، اَلْقِرْدُ، الطَّيَّارُ وَاَلْشِبْلُ. حَتَّى الدُّبُّ الصَّغيرُ يَفْتَحُ أعينَهُ بِصُعوبَةٍ أَيُّهَا الدُّبُّ الصَّغيرُ!

هَلْ تَأْخُذُنِي مَعَكَ فِي حُلْمِكَ؟

Y así está Lulu en el país de los sueños de los osos. El osito está pescando en el lago de Tagayumi. Y Lulu se pregunta, ¿quién vivirá arriba en los árboles?

Al terminar el sueño, Lulu quiere descubrir aún más cosas. ¡Ven conmigo, vamos a visitar al tiburón! ¿Qué estará soñando?

وَفِي الْحَالِ هَاهِي لُولُو فِي بَلَدِ أَحْلَامِ الدِّبَبَةِ. كَانَ الدُّبُّ الصَّغِيرُ يَصْطَادُ الْأَسْمَاكَ فِي بُحَيْرَةِ تَاغَايُومِي وَلُولُو تَتَسَاءَلُ مَنْ يُمْكِنُهُ الْعَيْشَ فَوْقَ الْأَشْجَارِ.

عِنْدَمَا انْتَهَى الْحِلْمُ، لُولُو تُرِيدُ مُغَامَرَةً أُخْرَى. تَعَالَ مَعِي لِرُؤْيَةِ الْقِرْشِ، بِمَاذَا هُوَ حَالِمٌ؟

El tiburón está jugando a perseguir a los peces. ¡Por fin tiene amigos! Nadie tiene miedo de sus dientes puntiagudos.

Al terminar el sueño, Lulu quiere descubrir aún más cosas. ¡Venid con nosotros, vamos a visitar al elefante! ¿Qué estará soñando?

القِرْشُ يَلْعَبُ لِعْبَةَ المُطارَدَةِ مَعَ الأسْماكِ. أخيراً أصْبَحَ لَهُ أصْدِقاءٌ! لَا أَحَدَ يَخافُ أسْنانَهُ المُذَبَّبَة.

عِنْدَما انْتَهى الحِلْمُ، لُولُو مَازَالَتْ تُريدُ مُغامَرَةً أُخْرَى. تَعالَيا مَعي لِرُؤْيَةِ الْفِيلِ بِمَاذَا هُوَ حالِمٌ؟

El elefante es tan ligero como una pluma y ¡puede volar! Está a punto de aterrizar en la pradera celestial.

Al terminar el sueño, Lulu quiere descubrir aún más cosas. ¡Venid con nosotros, vamos a visitar al ratoncito! ¿Qué estará soñando?

اَلْفِيلُ خَفِيفٌ مِثْلِ اَلرَّيْشَةِ وَيَسْتَطِيعُ الطَّيَرانَ. وهُوَ عَلى وَشَكِ أنْ يَحُطَّ في المَرْجِ السَّمَويِّ. عِنْدَمَا انْتَهَى الحِلْمُ، لُولُو مَازَالَتْ تُرِيدُ مُغَامَرَةً أخْرَى. تَعالوْا مَعِي لِرُؤْيَةِ الفَأْرَةِ الصَّغيرَةِ بِمَاذَا هِيَ حالِمَةٌ؟

El ratoncito está mirando la feria. Lo que más le gusta es la montaña rusa. Al terminar el sueño, Lulu quiere descubrir aún más cosas. ¡Venid con nosotros, vamos a visitar al dragón! ¿Qué estará soñando?

الفَأْرَةُ الصَّغيرَةُ تَزورُ مَدينَةَ المَلَاهِي. أَعْجَبَتْهَا لُعْبَةُ الأُفْعَوانَةِ كَثيراً.
عِنْدَمَا انْتَهَى الحِلْمُ، لُولُو تُرِيدُ مُغامَرَةً جَديدَةً. تَعالوْا مَعِي لِرُؤْيَةِ التِّنِّيْنِ بِمَاذَا هوَ حالِمٌ؟

El dragón tiene sed de tanto escupir fuego. Le gustaría beberse todo el lago de limonada.

Al terminar el sueño, Lulu quiere descubrir aún más cosas. ¡Venid con nosotros, vamos a visitar al canguro! ¿Qué estará soñando?

التِّنِّينُ عَطْشانٌ لِأَنَّهُ يَنْفُثُ النَّارَ مِنْ فَمِهِ. يَتَمَنَّى شُرْبَ بُحَيْرَةِ عَصيرِ اللَّيْمُونِ كامِلَةً.
عِنْدَما انْتَهَى الحِلْمُ، لُولُو مازالَتْ تُريدُ مُغامَرَةً أُخْرَى. تَعالَوْا مَعِي نَزورَ الْكَنْغَرَ بِماذا هوَ حالِمٌ؟

El canguro salta por la fábrica de dulces y llena toda su bolsa. ¡Más de los caramelos azules! ¡Y más piruletas! ¡Y chocolate!

Al terminar el sueño, Lulu quiere descubrir aún más cosas. ¡Venid con nosotros, vamos a visitar al caballero! ¿Qué estará soñando?

الْكُنْغَرُ يَقْفِزُ فِي مَصْنَعِ الْحَلْوَى وَيَمْلَأُ جَيْبَهُ مَزِيدًا مِنْ هَذِهِ الْحَلْوَى الزَّرْقَاءِ! مَزِيدًا مِنَ الْمَصَاصَاتِ! وَالشُّكْلَاطَةُ!

عِنْدَمَا انْتَهَى الْحِلْمُ، لُولُو مَازَالَتْ تُرِيدُ مُغَامَرَةً أُخْرَى. تَعَالَوْا مَعِي لِرُؤْيَةِ الفارِس بِمَاذَا هُوَ حالِمٌ؟

El caballero está teniendo una pelea de pasteles con la princesa de sus sueños. ¡Oh, no! ¡El pastel de crema ha ido en la dirección equivocada! Al terminar el sueño, Lulu quiere descubrir aún más cosas. ¡Venid con nosotros, vamos a visitar al mono! ¿Qué estará soñando?

الفَارِسُ يَخوضُ مَعْرَكَةَ المُرَطِّباتِ مَعَ أَميرَةِ أَحْلامِهِ. يَا لِلْهَوْلِ! قِطْعَةُ المُرَطِّباتِ أَخْطَأَتِ الهَدَفَ!

عِنْدَمَا انْتَهَى الحِلْمُ، لولو مَازَالَتْ تُريدُ مُغامَرَةً أُخْرَى. تَعالَوْا مَعِي لِرُؤْيَةِ القِرْدِ بِمَاذَا هُوَ حالِمٌ؟

¡Por fin ha nevado en el país de los monos! Toda la banda de monos se ha vuelto loca y está haciendo tonterías.

Al terminar el sueño, Lulu quiere descubrir aún más cosas. ¡Venid con nosotros, vamos a visitar al piloto! ¿En qué sueño habrá aterrizado?

تَساقَطَ الثَّلجُ أَخيرًا فِي أَرْضِ القِرَدَةِ. فِرْقَةُ القِرَدَةِ خَرَجَتْ مِنْ دِيارِها يَشْعُرونَ بِالنَّشْوَةِ وَ يَتَصَرَّفونَ مِثْلَ المَجانينِ، تُغَنّي وَتَرْقُصُ وَتَقومُ بِحَماقاتٍ.

عِنْدَما انْتَهَى الحِلْمُ، لولو مازالَتْ تُريدُ مُغامَرَةً أُخْرى. تَعالوْا مَعي لِرُؤْيَةِ الطَّيّارِ أَيْنَ رَسى حُلْمَهُ؟

El piloto vuela y vuela. Hasta el fin del mundo y aún más allá, hasta las estrellas. Esto no lo ha conseguido ningún otro piloto.

Al terminar el sueño, están ya todos muy cansados y no desean descubrir mucho más. Pero aún quieren visitar al pequeño leoncito. ¿Qué estará soñando?

الطَّيَّارُ يَطِيرُ وَيَطِيرُ حَتَّى نِهايَةِ العالَمِ وَأَكْثَرَ، حَتَّى النُّجومِ. لَمْ يَفْعَلْها حَتَّى طَيَّارٌ مِنْ قَبْلِهِ.
عِنْدَمَا انْتَهَى الحِلْمُ، كَانَ الكُلُّ مُتْعَبًا وَلَا يَرْغَبُونَ فِي مُغَامَراتٍ جَديدَةٍ لَكِنَّهُمْ يُرِيدُونَ زِيارَةَ
ٱلْشِبْلِ بِمَاذَا هوَ حالِمٌ يَا تَرَى؟

El pequeño leoncito tiene nostalgia y quiere volver a su cálida y acogedora cama.
Y los demás también.

Y ahí empieza ...

اَلْشِبْلُ يَشْتَاقُ إِلَى دِيَارِهِ وَيُرِيدُ الرُّجوعَ لِفِراشِهِ الدَّافِئِ الْحَنونِ.

والْآخَرونَ أَيْضًا.

وَهُنَا يَبْدَأُ...

... el sueño más bonito de Lulu.

... أَسْعَدُ أَحْلامِ لُولُو.

Ulrich Renz • Marc Robitzky

Los cisnes salvajes

البجع البري

Traducción:

Marcos Canedo, Anouk Bödeker (español)

Inana Othman, Seraa Haider (árabe)

Audiolibro y vídeo:

www.sefa-bilingual.com/bonus

Acceso gratuito con la contraseña:

español: **WSES1428**

árabe: **WSAR1027**

sefa

Ulrich Renz · Marc Robitzky

Los cisnes salvajes

البجع البري

Basado en un cuento de hadas de

Hans Christian Andersen

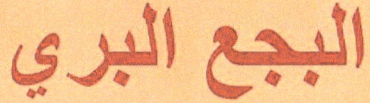

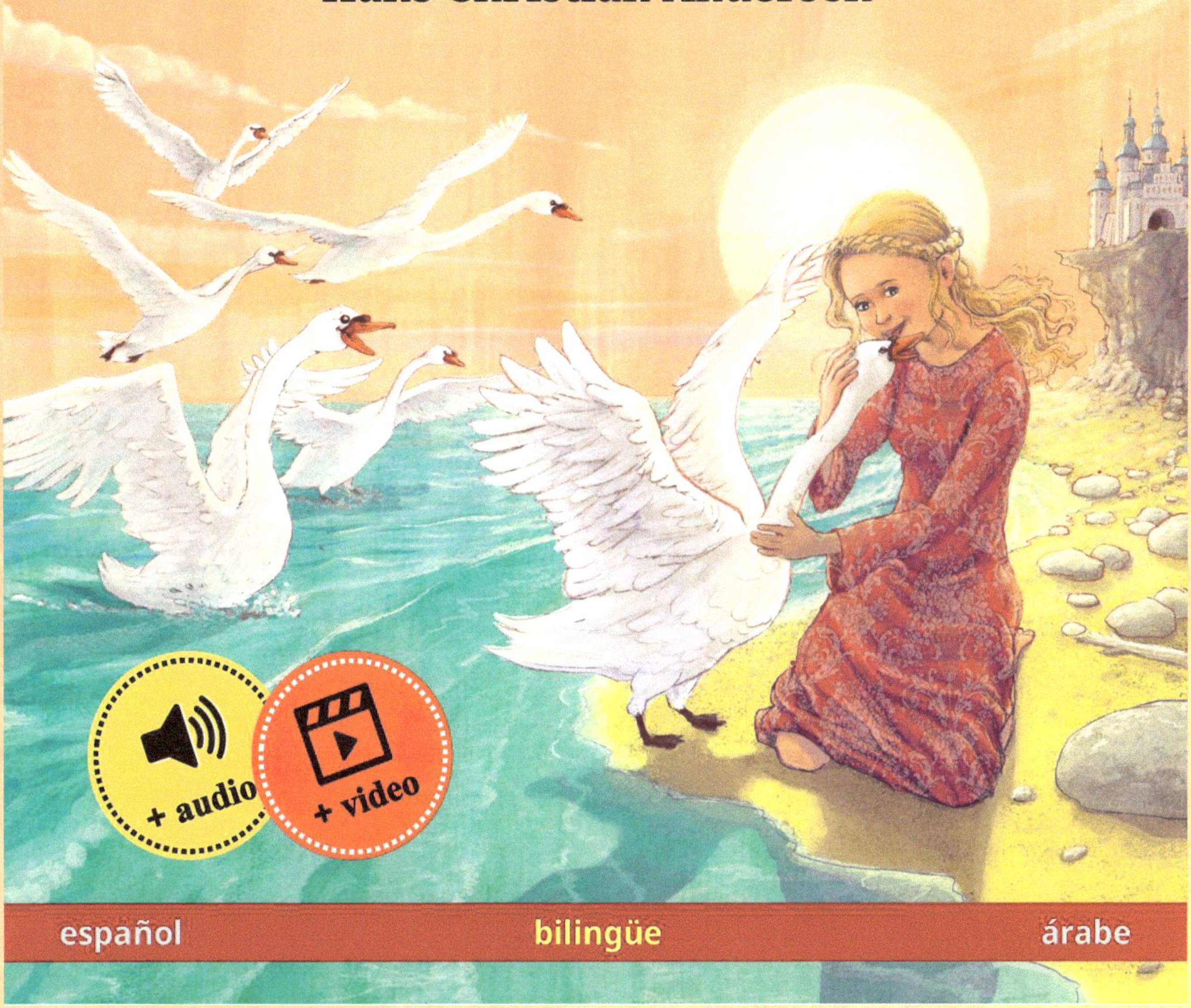
+ audio
+ video
español
bilingüe
árabe

Había una vez doce hijos de un rey – once hermanos y una hermana mayor, Elisa. Ellos vivían felices en un castillo hermoso.

كان ياما كان في سالف العصر والأوان، كان يوجد ملك لديه اثنى عشر إبناً وإبنة – أحد عشر أميراً وأختهم الكبرى، إليزا. كانوا يعيشون بسعادة في قصر جميل.

Un día murió la madre y algún tiempo después, el rey se volvió a casar. Pero la nueva esposa era una bruja malvada. Convirtió a los once príncipes en cisnes y les mandó a un país muy lejano más allá del gran bosque.

في يوم من الأيام ماتت الأم، وبعد مدة من الزمن تزوج الملك ثانيةً. الزوجة الجديدة للملك كانت ساحرة شريرة؛ فقد سحرت الأمراء الإثني عشر وحوّلتهم إلى بجع وأبعدتهم إلى بلاد نائية، محاطة بالغابات من كل جوانبها.

A la niña la vistió con harapos y le puso una crema fea en la cara, de manera que ni su propio padre la reconoció y la echó del castillo. Elisa corrió al bosque oscuro.

أما الأميرة، فقد ألبستَها الملكة الساحرة رداءً رثًّا ولطَّخت وجهها بصباغ قبيح، حتى أنَ أباها الملك لم يعد بمقدوره التعرف عليها، فقام بطردها من القصر. إليزا هربت راكضةً إلى الغابة المظلمة.

Ahora estaba más sola que nunca y añoró con toda el alma a sus hermanitos desaparecidos. Cuando anocheció, se hizo una cama de musgo bajo los árboles.

أصبحت الأميرة، الآن، وحيدة تماماً وتشعر بشوق شديد من أعماق قلبها الى إخوتها المفقودين. وحين حلَ الليل صنعت الأميرة لنفسها سريراً من الأعشاب والأشنة تحت الاشجار.

A la mañana siguiente siguiente llegó a un lago de aguas tranquilas y se asustó cuando vió su imagen reflejada en el agua. Pero después de haberse lavado, fue la princesa más linda bajo el sol.

في صباح اليوم التالي واصلت الأميرة سيرها ووصلت إلى بحيرة هادئة، إلى أن ارتعبت حين رأت إنعكاس وجهها على سطح ماء البحيرة، فقامت بغسل وجهها، وعادت مرة اخرى أجمل أميرة تحت الشمس.

Después de muchos días, Elisa llegó al gran mar. En las olas, once plumas de cisne se mecían.

بمرور الأيام وصلت الأميرة إلى البحر الكبير، حيث كانت إحدى عشرة ريشة من ريش البجع تتأرجح على الأمواج.

Cuando se puso el sol, hubo un murmullo en el aire y once cisnes salvajes aterrizaron sobre el agua. Elisa reconoció inmediatamente a sus hermanos embrujados. Pero como hablaban el idioma de cisnes, ella no les podía entender.

أثناء غروب الشمس تناهت أصوات في الأجواء، وعلى أثرها هبط أحد عشر بجعاً برياً على الماء. على الفور أدركت إليزا أنهم أشقاؤها الأحد عشر. ولأنهم يتحدثون فقط لغة البجع، لم تستطع أن تفهم كلامهم.

De día los cisnes salían volando, de noche los hermanos y la hermana se acurrucaban los unos con los otros en una cueva.

Una noche, Elisa tuvo un sueño extraño: Su madre le dijo cómo podría liberar a sus hermanos. Tendría que tejer una camiseta de ortiga, una mala hierba con hojas punzantes, para cada uno de los cisnes y vestirles con ella. Pero hasta entonces no podría decir ni una palabra, de lo contrario sus hermanos morirían.
Elisa empezó de inmediato con su trabajo. Aunque sus manos le ardían como fuego, seguía tejiendo incansablemente.

أثناء النهار كان البجع يطير بعيداً، وليلاً يحتضن الأخوة بعضهم بعضاً في الكهف.

في إحدى الليالي حلمت إليزا حلماً غريباً فيه: رأت أمها تخبرها فيه،كيف تفكَّ السحر عن إخوتها، حيث يجب عليها أن تحيك قميصاً صغيراً من نبات القرَاص لكل بجعة، وأن تلق به عليها. لكن لا يتوجب عليها أن تنطق بكلمة واحدة، إلى أن تنهي المهمة؛ وإلّا فسيموت إخوتها.
على الفور بدأت إليزا بالعمل وعلى الرغم من لسعات نبات القرّاص الحارقة ليديها إلّا أنها واظبت على الحياكة دون كلٍ أو ملل.

Un día sonaron cornetas de caza a lo lejos. Un principe llegó con su séquito y de pronto estuvo frente a ella. Cuando los dos se miraron a los ojos, se enamoraron.

في أحد الأيام تناهت أصوات أبواق الصيد من البعيد إلى مسامعها. ظهر أمير بصحبة حاشيته، وعلى الفور أسرع الأمير إلى المثول أمامها. وبمجرد رؤيتهما لبعضهما وقعا في الحب.

El príncipe levantó a Elisa en su caballo y cabalgó con ella hasta su castillo.

قام الأمير بوضع إليزا على حصانه وتوجه بها إلى قصره.

El poderoso tesorero estaba de todo menos contento con la llegada de la bella princesa silenciosa. Pues su propia hija debía ser la novia del principe.

وزير الخزانة القوي فور أن رأى البكماء الجميلة أصبح أبعد مايكون عن السعادة. إبنته كانت العروس المرتقبة للأمير.

Elisa no había olvidado a sus hermanitos. Cada noche seguía trabajando en las camisetas. Una noche se fue al cementerio para buscar ortigas frescas. En esto, el tesorero le observó en secreto.

إليزا لم تنس إخوتها. مساء كل يوم كانت تقوم بمواصلة حياكة القمصان. في إحدى الليالي ذهبت إلى المقبرة لجلب بعض نبات القرّاص الطري وكان وزير الخزانة يراقبها سراً.

Tan pronto como el príncipe fue de cacería, el tesorero hizo meter en el calabozo a Elisa. Afirmó que era una bruja que se reunía con otras brujas por las noches.

وحين كان الأمير في إحدى رحلات الصّيد، رمى وزير الخزانة إليزا في السجن. حيث ادّعى بأ نها ساحرة شريرة تلتقي ليلاً بساحرات أخريات.

En la madrugada, Elisa fue recogida por los guardias. Debía ser quemada en la plaza principal.

وفي مطلع الفجر أقتيدت إليزا من قبل الحراس كي يتم إحراقها في ساحة المدينة.

En cuanto llegó ahí, once cisnes blancos se acercaron volando. Rápidamente Elisa les lanzó las camisetas vistiendolos. De pronto todos sus hermanos se encontraban frente a ella en su forma humana. Solo el menor, cuya camiseta no estaba del todo terminada, se quedó con una ala en lugar de un brazo.

وبمجرد أن وصلت إليزا هناك، حتى حامت فجأة إحدى عشرة بجعة بريّة بيضاء. وبسرعة رمت إليزا على كل واحدة منها قميصاً معمولاً من نبات القرّاص. وعلى الفور وقف إخوتها أمامها على هيأتهم البشرية. فقط الأخ الأصغر، لم يكن قميصه قد أكتمل تماماً، فبقيت إحدى ذراعيه جناحاً.

Las caricias y besos todavía no habían acabado cuando el principe regresó. Por fin Elisa le pudo explicar todo. El principe hizo meter en el calabozo al malvado tesorero. Y luego, se celebró la boda por siete días.

Y vivieron felices y comieron perdices.

تواصلت القبلات والأشواق بين الإخوة حتى بعد عودة الأمير. وأخيراً استطاعت إليزا أن تسرد للأمير كل حكايتها. ألقي الأمير الوزير الشرير في السجن، واستمرت الأفراح والليالي الملاح طوال سبعة أيام.

ولو لم يكن الموت قدراً محتوماً لكانوا عاشوا إلى يومنا هذا.

Hans Christian Andersen

Hans Christian Andersen nació en 1805 en la ciudad danesa Odense y murió en 1875 en Kopenhagen. Con sus cuentos de hadas como «La pequeña sirena», «El traje nuevo del emperador» o «El patito feo» obtuvo fama mundial. El cuento «Los cisnes salvajes» fue publicado por primera vez en 1838. Desde entonces, fue traducido a más de 100 idiomas y adaptado en muchas versiones, como ser teatro, películas y musicales.

Barbara Brinkmann nació en 1969 en Munich (Alemania) y creció en los Prealpes Bavareses. Estudió arquitectura en Munich y actualmente es investigadora asociada en la Facultad de Arquitectura de la Universidad Técnica de Munich. Además, trabaja como diseñadora gráfica, ilustradora y autora independiente.

Cornelia Haas nació en 1972 cerca de Augsburg, Alemania. Después de su formación como fabricante de cárteles publicitarios, estudió diseño en la escuela técnica superior en Münster y allí se graduó como diseñadora. Desde 2001 ha ilustrado libros infantiles y juveniles, desde 2013 enseña como profesora de pintura acrílica y digital en la escuela técnica superior de Münster.

Marc Robitzky, nacido en el año 1973, estudió en la Escuela Técnica Superior de Bellas Artes en Hamburgo y en la Academia de Artes Visuales en Frankfurt. Trabaja como ilustrador de profesión libre y diseñador de comunicación en Aschaffenburg, Alemania.

Ulrich Renz nació en 1960 en Stuttgart (Alemania). Después de estudiar literatura francesa en París, se graduó en la facultad de medicina de Lübeck y trabajó como director de una editorial científica. Hoy en día trabaja como publicista autónomo y, además de escribir libros de divulgación científica, escribe cuentos y libros infantiles.

¿Te gusta pintar?

Aquí encontrarás las ilustraciones de la historia para colorear:

www.sefa-bilingual.com/coloring

www.ingramcontent.com/pod-product-compliance
Lightning Source LLC
LaVergne TN
LVHW070441080526
838202LV00035B/2696